Gisela Dürr · Liane Frank

Kindergebete

SKV-EDITION

Guten Morgen, lieber Gott!

Die Sonne ist aufgegangen,
der Tag hat angefangen,
Du gibst mir diesen neuen Tag,
auf dass ich Gutes schaffen mag.

Nun ist der neue Tag erwacht,

du hast den Tag für uns gemacht.
Wir freuen uns auf diesen Tag,
den du nur kannst uns schenken.
Und was er uns auch bringen mag,
wir werden an dich denken.

Wir wollen deiner nicht vergessen,

beim Lachen, Spielen oder Essen.
Lieber Gott, du hast gegeben,
alles das ist unser Leben.

Danke, Gott,

für Tiere groß wie Nilpferd und Rhinozeros. Für Affen, die viel Spaß ertragen, Giraffen, die bis zum Himmel ragen. Für Papageien mit bunten Farben und Zebras, die durch die Steppe traben.

**Gott,
bei dir bin ich
geborgen,**

habe keine Angst
vor morgen,
weil nach jeder
dunklen Nacht
wieder ein neuer
Tag erwacht
und die Sonne
für uns lacht.

Gott, du gabst uns Blumen

voller Pracht. Sie wachsen und blühen
mit deiner Macht. Manche sind rot,
manche weiß oder blau.

Schön sind sie alle, das weiß ich genau. Gib du, Gott, den Segen für Blume und Tier. Zuletzt eine Bitte: Bleib stets auch bei mir.

Lieber Gott,

heute will ich fröhlich sein,
ich will Gutes denken und den Tag
dir schenken. Lieber Gott, heute
will ich fröhlich sein.

Vater im Himmel,

ich bitte dich, behüte meine Eltern,
behüte auch mich. Mit deinem starken Arm
bewahr die Familie vor Gefahr.
Alle, die mir sind verwandt, beschütze sie
mit deiner Hand.

Füll unseren Tag

mit deinem Licht, gib uns Kraft und Zuversicht.

Wo ich gehe,

wo ich stehe, bist du, lieber Gott, bei mir. Wenn ich dich auch niemals sehe, weiß ich dennoch, du bist hier.

**Lieber Gott,
ich darf immer
zu dir kommen,**

weil du mich liebst.
Bei dir bin ich geborgen,
denn du beschützt mich.
Du schenkst mir Freude
und Glück und umgibst
mich mit deiner
schützenden Liebe.
Dafür danke ich dir.

Amen

Die Schnecke hat ihr Haus,
ihr Fellchen hat die Maus,
der Sperling hat die Federn sein,

der Falter bunte Flügelein. Nun sage mir, was hast denn du? Ich habe Kleider und auch Schuh und Vater und Mutter und Lust am Leben – das hat mir der liebe Gott gegeben.

Lieber Gott,

die Welt ist so groß und ich bin noch so klein. Hilf mir, dass auch ich größer werde und den richtigen Weg gehe.

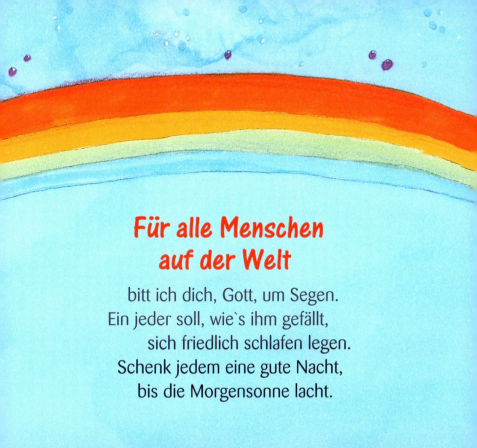

Für alle Menschen auf der Welt

bitt ich dich, Gott, um Segen.
Ein jeder soll, wie`s ihm gefällt,
sich friedlich schlafen legen.
Schenk jedem eine gute Nacht,
bis die Morgensonne lacht.

Dass du niemals müde bist,

weder Mensch noch Tier vergisst,
dass du deine Welt so liebst,
viel mehr, als wir brauchen, gibst,

dass du meinen Schlaf bewachst
und mir so viel Freude machst –
lieber Gott, das ist genial,
und ich dank dir tausendmal.

Sommer, Winter, Tag und Nacht,
meine Eltern und Verwandten,
meine Freunde und Bekannten.
Gott, du hast`s dir ausgedacht
und es wunderbar gemacht.
Schenk mir eine gute Nacht.

**Ich will mich
schlafen legen,**

Gott, unter deinem Segen.
Dein Engel hält die Wacht.
Ich brauch mich nicht zu sorgen,
kann schlafen bis zum Morgen,
denn du bist bei mir in der Nacht.

Amen

Gisela Dürr, geboren 1968 in Laupheim, begeisterte sich schon in frühester Kindheit für Kinderbuchmalerei. Durch ihre Grafik-Design-Ausbildung an der Fachhochschule Mainz und ein darauf folgendes Studium an der Schule für Gestaltung in Zürich legte sie den Grundstock für ihre Tätigkeit als Kinderbuchillustratorin. Bereits zweimal wurden ihre Werke für die bekannte Kinderbuchmesse in Bologna ausgewählt. Zur Zeit lebt und arbeitet sie mit ihrer Familie in Krumbach.

Bibliografische Information der Deutschen Nationalbibliothek
Die Deutsche Nationalbibliothek verzeichnet diese Publikation in der Deutschen Nationalbibliografie, detaillierte bibliografische Daten sind im Internet über http://dnb.d-nb.de abrufbar.

Kindergebete · Bestell-Nr. 94104
ISBN: 978-3-8256-0204-8
Gesamtkonzeption:
© Design-Studio Simon Baum
© 2008 by SKV-EDITION, Lahr/Schwarzwald
Druck und Verarbeitung:
St.-Johannis-Druckerei, Lahr/Schwarzwald